LECTURES CLE EN F

CINQ SEMAINES EN BALLON

JULES VERNE

Adapté en français facile
par Elyette Roussel

CLE
INTERNATIONAL

Chaque numéro de piste correspond au numéro de chapitre respectif.
Exemple : piste 1 = chapitre I

© CLE International, 2016 - ISBN : 978 209 031890 6

JULES VERNE naît le 8 février 1828 à Nantes, dans une famille bourgeoise. Il fait des études de droit à Paris, mais bien vite il est attiré par la littérature et commence à écrire.

Il écrit pour le théâtre, pour l'opéra... étudie pour son plaisir les mathématiques, la physique, la géographie, les sciences... écrit plusieurs romans et crée un genre nouveau : le roman scientifique d'anticipation.

En 1863, il publie *Cinq semaines en ballon* – le premier des cent un volumes des *Voyages extraordinaires dans les mondes connus et inconnus*. C'est à la fois un voyage dans les airs et un voyage en Afrique.

Grâce à ses romans, Jules Verne nous fait voyager dans le monde entier. *Le Tour du monde en quatre-vingts jours, Les Enfants du capitaine Grant, Michel Strogoff, Mathias Sandorf...* nous emmènent sur les différents continents.

Les aventures en mer sont les plus nombreuses : *L'Île mystérieuse, Un capitaine de quinze ans, Vingt mille lieues sous les mers...*

À travers tous ses romans, Jules Verne nous fait partager sa passion de l'inconnu et de la découverte.

Il meurt à Amiens en 1905.

* * *

Le XIXe siècle est le siècle des grands romans et des grands romanciers. Jules Verne est le contemporain de Balzac, Alexandre Dumas père, Gustave Flaubert, Guy de Maupassant, Émile Zola...

Dans la seconde moitié du XIXe siècle, les sciences d'observation, la physique, l'histoire naturelle sont très à la mode en France. Les Français, qui voient naître la radio, les rayons X, le cinéma, l'automobile, aspirent à la connaissance à travers les faits. Cette tendance se retrouve également dans les romans qui deviennent plus réalistes. Jules Verne se sert des découvertes des savants de son époque et crée un nouveau genre littéraire : le roman scientifique d'anticipation.

Cinq semaines en ballon paraît en librairie en 1863.

Les mots ou expressions suivis d'un astérisque* dans le texte sont expliqués dans le Vocabulaire, page 57.

*D*ANS SON NUMÉRO du 15 janvier, le *Daily Telegraph* publie l'article suivant : « Le docteur Samuel Fergusson a l'intention de traverser en ballon[1] toute l'Afrique, de l'est à l'ouest. Le point de départ de ce voyage est l'île de Zanzibar et le point d'arrivée est bien entendu inconnu. Le docteur Fergusson a proposé hier officiellement cette exploration[2] scientifique à la Société royale de géographie. »

* * *

Le docteur Fergusson a un ami : Dick Kennedy. Les deux hommes sont très différents. Dick Kennedy est un Écossais fort et entêté[3]. C'est un très bon chasseur. Les deux amis se sont connus en Inde. Dick chassait le tigre et l'éléphant,

---

1. Ballon : appareil qui sert à se déplacer dans l'atmosphère. Il est formé d'une enveloppe qui a la forme d'un ballon et qui est gonflée à l'aide d'un gaz plus léger que l'air, et d'une sorte de panier placé dessous qui sert à transporter les personnes. Lorsque le gaz devient chaud, le ballon s'élève.
2. Exploration : voyage dans un pays inconnu pour l'étudier.
3. Entêté : qui ne change pas d'idées facilement.

Samuel cherchait des plantes et des insectes. Depuis, les deux hommes sont restés très amis et ils se voient souvent.

Un matin, Dick Kennedy apprend le projet de son ami par le *Daily Telegraph*.

– Il est fou! s'écrie-t-il. Traverser l'Afrique en ballon!

Le soir même, Kennedy prend le train et, le lendemain, il est à Londres. Trois quarts d'heure plus tard, il arrive chez son ami.

Fergusson lui ouvre lui-même la porte.

– Dick? Que fais-tu à Londres? lui demande-t-il.

– Ce que raconte le journal est vrai?

– Ces journaux sont bien indiscrets! Mais assois-toi donc, mon cher Dick.

– Je ne veux pas m'asseoir! Tu as vraiment l'intention de faire ce voyage?

– Parfaitement, et je le prépare déjà. Mais sois tranquille, j'ai bien l'intention de t'emmener avec moi!

– Tu parles sérieusement? demande le chasseur. Et si je ne veux pas t'accompagner? Mon cher Samuel, ce voyage est impossible! Tu as pensé aux dangers, aux difficultés?

– Les difficultés, répond sérieusement Fergusson, existent pour être vaincues.

– Mais enfin, dit le chasseur après une heure de discussion, si tu veux absolument traverser l'Afrique, pourquoi ne le fais-tu pas par la route?

– Pourquoi? Mais parce que tous ceux qui ont essayé de le faire par la route ont échoué[1]! Avec mon ballon, tout est possible et je n'ai rien à craindre[2]. Si j'ai trop chaud, je monte; si j'ai froid, je descends; les montagnes, les précipices[3], les fleuves ne sont plus des obstacles[4]. Je marche sans me fatiguer et je m'arrête quand je le veux, et non pas parce que je suis fatigué. De plus, le gouvernement anglais a promis que trois ou quatre navires se trouveront sur la côte occidentale[5] à l'époque où j'arriverais. Dans trois mois au plus je dois être à Zanzibar pour gonfler mon ballon, et de là nous partirons...

– Nous? demande Dick.

– Comment? Tu n'es pas encore décidé?

– Si tu veux voir le pays, monter et descendre comme tu le veux, tu ne pourras pas le faire sans perdre ton gaz...

– Mon cher Dick, je ne perdrai pas de gaz.

– Et tu descendras quand tu le voudras?

– Je descendrai quand je le voudrai.

– Et comment vas-tu faire?

– Ceci est mon secret, ami Dick.

* * *

---

1. Échouer : ne pas réussir.
2. Craindre : avoir peur.
3. Précipice : grand vide entre deux montagnes.
4. Obstacle : difficulté.
5. Occidental : qui est à l'ouest.

Le docteur Fergusson a un domestique qui s'appelle Joe. Joe a une confiance absolue en son maître et c'est un serviteur fidèle, qui a déjà accompagné son maître dans plusieurs voyages. C'est pourquoi quand le docteur parle de traverser l'Afrique en ballon, Joe n'a aucun doute : le voyage va se faire et il va partir avec son maître.

– Tu penses vraiment accompagner ton maître ? lui demande un jour Dick.

– Je l'accompagnerai où il voudra. Je veux être à côté de lui pour lui donner la main, pour l'aider à sauter un précipice ; je veux être à côté de lui pour le soigner s'il est malade, pour le porter s'il est fatigué...

– Brave garçon !

– D'ailleurs, vous venez avec nous, ajoute Joe.

– Oui, bien sûr ! C'est-à-dire je vous accompagne pour empêcher jusqu'au dernier moment Samuel de faire une pareille folie !

– Vous n'arrêterez rien du tout, monsieur Kennedy. Et puis, pour un chasseur comme vous, l'Afrique est un pays merveilleux. À propos, vous savez que c'est aujourd'hui le pesage[1]. Mon maître, vous et moi allons tous trois nous peser.

– Je ne me laisserai pas peser, dit l'Écossais.

– Bon ! dit Joe en riant, vous parlez ainsi parce que votre ami n'est pas là ; mais quand il vous dira

---

1. Pesage : fait de peser quelqu'un.

face à face : « Dick, j'ai besoin de connaître exactement ton poids », vous irez.

– Je n'irai pas.

À ce moment, le docteur entre dans son cabinet de travail où a lieu cette conversation.

Il regarde son ami et lui dit :

– Dick, viens avec Joe ; j'ai besoin de savoir ce que vous pesez tous les deux.

– Mais...

– Tu pourras garder ton chapeau sur la tête pendant le pesage. Viens.

Et Kennedy le suit.

*L*E BALLON du docteur Fergusson est très particulier : il y a en réalité deux ballons d'inégale grandeur et le plus petit est à l'intérieur du plus grand. Les deux ballons peuvent communiquer entre eux. Le ballon extérieur a une forme allongée[1] : son diamètre[2] horizontal est de cinquante pieds* et son diamètre vertical de soixante-quinze.

Pendant son voyage au-dessus de l'Afrique, le docteur veut pouvoir reconnaître sa direction, connaître exactement la position des principales rivières, montagnes et villes, et il emporte avec lui des ancres[3], des cordes[4], deux baromètres*, deux thermomètres*, deux boussoles*, un sextant*, deux chronomètres*... Il emporte également du thé, du café, des biscuits, de la viande salée, de l'eau-de-vie[5] et de l'eau. Et bien sûr, des

---

1. Allongé : qui a une forme plus longue que large.
2. Diamètre : ligne qui coupe un cercle en deux parties égales.
3. Ancre : lorsqu'un bateau veut s'arrêter, on lance l'ancre dans la mer.
4. Corde : fil très gros qui sert pour attacher des objets.
5. Eau-de-vie : alcool très fort qui est transparent comme de l'eau.

couvertures, plusieurs objets de cuisine, les fusils du chasseur et ses provisions de poudre et de balles.

Le 10 février, les préparatifs du voyage sont terminés et, le 19 février, les trois voyageurs s'installent à bord du *Resolute*, le bateau qui doit les conduire dans la ville de Zanzibar d'où ils veulent s'envoler.

Les officiers[1] du *Resolute* s'étonnent en voyant que le docteur emporte peu de vivres[2].

– Cela vous surprend ? Mais combien de temps pensez-vous que va durer le voyage ? Plusieurs mois ? Sachez qu'il n'y a pas plus de trois mille cinq cents milles* de Zanzibar à la côte du Sénégal. En voyageant nuit et jour, nous pouvons traverser l'Afrique en sept jours.

– Mais si vous traversez l'Afrique en si peu de temps, vous ne pourrez rien voir, dit un officier, qui a bien compris le but du voyage.

– Aussi, répond le docteur, si je suis maître de mon ballon, si je monte ou descends comme je veux, je peux m'arrêter lorsque je le désire.

* * *

---

1. Officier : ici, une des personnes qui commandent à bord d'un bateau.
2. Les vivres : la nourriture.

Le bateau arrive dans le port de Zanzibar le 15 avril, à onze heures du matin. Le consul[1] anglais, qui connaît par les journaux d'Europe le projet du docteur Samuel Fergusson, va accueillir les voyageurs sur le bateau. Il apprend au docteur qu'il a reçu plusieurs lettres du capitaine Speke. Le capitaine et ses compagnons, lui dit-il, ont souffert de la faim et du mauvais temps avant d'arriver au pays d'Ugogo.

– Nous n'aurons pas ce genre de problèmes, répond le docteur.

Le 18 avril, le ballon est prêt et les voyageurs dînent pour la dernière fois à la table du capitaine et de ses officiers.

---

1. Consul : personne nommée par le gouvernement de son pays pour le représenter dans un pays étranger.

*L*E 19 AVRIL, à six heures du matin, le ballon est prêt à partir. Kennedy s'approche du docteur, lui prend la main et dit :

– Tu es donc décidé à partir, Samuel?

– Oui.

– Tu reconnais que j'ai fait tout ce que j'ai pu pour empêcher ce voyage?

– Tout.

– Alors, j'ai la conscience tranquille, et je t'accompagne.

– J'en étais sûr, répond le docteur.

À neuf heures, les trois compagnons montent dans la nacelle[1]. Le docteur allume le chalumeau[2] pour chauffer le gaz contenu dans l'enveloppe du ballon. Et le ballon commence à se soulever.

– Mes amis, dit le docteur, donnons à notre ballon un nom qui lui portera bonheur! Appelons-le le *Victoria*!

Et peu après, le *Victoria* s'élève dans les airs.

Pendant les premières heures du voyage, les

1. Nacelle : partie du ballon dans laquelle les trois hommes s'installent.
2. Chalumeau : appareil qui produit une flamme.

trois compagnons regardent émerveillés le paysage. Le pays est très vert. Ils survolent[1] de nombreux villages et partout les habitants poussent des cris de stupéfaction en voyant le *Victoria*. Le ballon se déplace à une vitesse de douze milles à l'heure et il se trouve bientôt au-dessus du village de Tounda.

– C'est là, dit le docteur, que Burton et Speke ont souffert de fièvres violentes. Ils n'étaient pas très loin de la côte et cependant ils étaient déjà fatigués, et la nourriture commençait à manquer.

En effet, dans cette région, les habitants ont tous la malaria[2]; heureusement, le docteur peut éviter cette maladie en élevant le ballon au-dessus de cette terre humide.

Le paysage change et les villages deviennent plus rares.

– Est-ce que nous allons voyager pendant la nuit? demande le chasseur.

– Non, répond le docteur. Nous ne devons pas seulement traverser l'Afrique, nous devons aussi la voir.

Vers six heures et demie du soir, le *Victoria* se trouve en face du mont Duthumi. Il passe par-dessus et, à huit heures, il descend le côté opposé. Joe lance les ancres hors de la nacelle et l'une

---

1. Survoler : voler au-dessus d'un pays, d'une ville...
2. Malaria : maladie transmise par les moustiques.

d'elles s'accroche à la branche d'un arbre énorme. Il se laisse glisser le long de la corde et l'attache solidement. Le ballon reste immobile et les trois compagnons préparent le repas du soir.

Les trois hommes décident de diviser la nuit en trois quarts[1] : comme cela ils pourront tous dormir à tour de rôle[2]. Le docteur prend le quart de neuf heures, Kennedy celui de minuit et Joe celui de trois heures du matin.

* * *

Le samedi matin, en se réveillant, Kennedy est fatigué et il a de la fièvre.

– Ce n'est pas étonnant, mon cher Dick, lui dit le docteur, car nous nous trouvons dans la région la plus insalubre[3] de l'Afrique. Mais nous n'allons pas y rester longtemps. En route!

Joe décroche l'ancre et le *Victoria* reprend son vol, poussé par un vent fort.

Kennedy souffre beaucoup.

– Regarde si tu as un fébrifuge[4] dans ta pharmacie[5], Samuel.

---

1. Quart : sur un bateau, période de quatre heures pendant laquelle une seule personne surveille tout.
2. À tour de rôle : chacun à son tour.
3. Insalubre : mauvais pour la santé.
4. Fébrifuge : médicament qui fait baisser la fièvre.
5. Pharmacie : petite boîte pleine de médicaments.

– Un peu de patience, mon cher Dick, lui dit le docteur Fergusson, et tu seras bientôt guéri. Je n'ai rien dans ma pharmacie mais je vais te guérir avec quelque chose de très naturel.

– Et qu'est-ce que tu vas faire?

– C'est bien simple. Je vais tout simplement monter au-dessus de ces nuages et m'éloigner d'ici. Dans dix minutes tu sentiras l'influence de l'air pur et du soleil.

Le *Victoria* monte à une hauteur de quatre mille pieds. On ne voit plus la terre. Trois heures plus tard, Kennedy ne sent plus aucun frisson de fièvre et il déjeune avec appétit.

– Nous avons bien fait de traverser ce pays en ballon et non pas à pied, explique Fergusson. Le jour, il fait une chaleur humide, et la nuit un froid insupportable... Sans parler des animaux féroces[1] et des habitants de ces terres qui sont tout aussi cruels. Les voyageurs qui l'ont traversé à pied avant nous ont dû marcher dans cette boue[2] malsaine[3] et ils ont vu mourir la moitié de leurs bêtes.

---

1. Féroce : meurtrier, cruel.
2. Boue : mélange de terre et d'eau.
3. Malsain : qui n'est pas sain, qui peut donner des maladies.

QUELQUES HEURES PLUS TARD, le *Victoria* s'approche du sol. Joe lance les ancres et le ballon devient immobile.

– Maintenant, dit Fergusson, prends deux fusils, ami Dick, un pour toi et l'autre pour Joe, et essayez de rapporter de beaux morceaux d'antilope[1] pour notre dîner.

– Partons! crie Kennedy.

Les deux hommes descendent de la nacelle.

– Ne vous envolez pas, mon maître, crie Joe.

– Sois tranquille, mon garçon. Bonne chasse! Je vais observer le pays sans descendre de la nacelle et, s'il y a un danger, je tire un coup de fusil.

Après une demi-heure de marche, Joe et Dick arrivent dans une forêt.

– Cela fait du bien de marcher, monsieur Dick.

Kennedy fait signe à son compagnon de se taire et de s'arrêter : une dizaine d'antilopes boivent au bord d'une rivière.

Kennedy tire un coup de fusil et une antilope

---

1. Antilope : animal d'Afrique.

tombe. C'est un magnifique animal.

Joe prépare la viande.

– Savez-vous à quoi je pense, monsieur Dick?

– Sans doute à tes biftecks, répond le chasseur.

– Pas du tout! Et si nous ne retrouvons pas le *Victoria*?

– Quelle idée! Tu veux que le docteur nous abandonne?

– Non, mais si l'ancre se détache...

– Impossible!

À ce moment, ils entendent un coup de fusil.

– Un danger pour nous, dit Dick.

– Ou peut-être pour lui! répond Joe.

– En route!

Ils entendent un second coup de fusil.

– Dépêchons-nous! crie Joe.

Ils voient enfin le *Victoria*. Il est bien à sa place et le docteur est dans la nacelle.

– Un groupe de Noirs entourent la nacelle, dit Joe.

En effet, à deux milles de là, une trentaine d'hommes entourent le ballon en gesticulant[1] et en hurlant. Quelques-uns, montés dans l'arbre où est accrochée l'ancre, s'avancent sur les branches les plus hautes pour essayer de monter dans la nacelle.

– Mon maître est perdu! dit Joe.

---

1. Gesticuler : faire beaucoup de gestes.

Un nouveau coup de fusil part de la nacelle et atteint un corps qui grimpe[1] par la corde de l'ancre. Le corps sans vie tombe de branche en branche et reste suspendu à une vingtaine de pieds du sol, ses deux bras et ses deux jambes se balançant dans l'air.

– Hein? fait Joe en s'arrêtant. Par où diable se tient cet animal-là?

– Peu importe, répond Dick.

– Ah, monsieur Kennedy, s'écrie Joe, en

---

1. Grimper : monter.

éclatant de rire ; par sa queue ! C'est un singe !
Ce sont des singes !

– Ça vaut mieux que des hommes ! répond
Kennedy.

Les deux hommes tirent quelques coups de
fusil sur les animaux qui partent aussitôt.

Peu après, le *Victoria* s'élève dans l'air et se
dirige vers l'est.

Vers sept heures, le ballon vole au-dessus de
Kanyemé puis il s'approche du Mdaburu. Le vent
tombe et, en voyant ce calme de la nature, le docteur décide de passer la nuit dans les airs.

* * *

Le lendemain matin, ils reprennent leur route.

– Voilà Jihoue-la-Mkoa, dit le docteur. Nous
allons nous arrêter un instant pour prendre de
l'eau.

Vers deux heures, par un temps magnifique, le
Victoria est au-dessus de la ville de Kazeh, située
à trois cent cinquante milles de la côte.

– Nous sommes partis de Zanzibar à neuf
heures du matin, dit le docteur Fergusson ; et
après deux jours de traversée, nous avons par-
couru près de cinq cents milles. Les capitaines
Burton et Speke ont mis quatre mois et demi
pour faire le même chemin.

*K*AZEH n'est pas vraiment une ville. C'est un ensemble de cases[1] avec de petites cours et de petits jardins, de grands arbres et une grande place pour le marché. C'est le rendez-vous des caravanes[2]; celles du Sud qui apportent des esclaves et de l'ivoire[3]; celles de l'Ouest qui vendent du coton et des verroteries[4] aux tribus des Grands Lacs.

Sur le marché, il y a une agitation permanente, un brouhaha[5] sans nom composé du cri des porteurs, du son des tambours, du braiement[6] des ânes, du chant des femmes, des cris des enfants... Tout à coup, hommes, femmes, enfants, esclaves, marchands, Arabes et Noirs, tout le monde disparaît. Le *Victoria* vient d'apparaître dans les airs.

– Bon, dit le docteur; ces indigènes[7] ont eu

---

1. Case : petite maison faite avec des branches d'arbres.
2. Caravane : groupe de marchands qui traversent un désert.
3. Ivoire : les éléphants ont deux grandes défenses en ivoire.
4. Verroterie : ensemble de petits objets en verre de différentes couleurs.
5. Brouhaha : bruit fait par beaucoup de personnes.
6. Braiement : cri des ânes.
7. Indigène : habitant d'un pays.

peur mais ils vont bientôt revenir.

Le *Victoria* s'approche de la place et Joe accroche une ancre au sommet d'un arbre.

Les indigènes apparaissent à nouveau. Plusieurs " Waganga ", les sorciers[1] de l'endroit, s'avancent. Les femmes et les enfants entourent la nacelle et tendent les mains vers le ciel.

– C'est leur manière de supplier, dit le docteur Fergusson; et cela veut dire que nous sommes des personnes importantes.

Un sorcier fait un geste et toute la foule se tait. Puis il adresse quelques mots en arabe aux voyageurs. Le docteur comprend alors que les indigènes croient que le *Victoria* est la Lune en personne. Il répond avec une grande dignité[2] que la Lune visite ses terres tous les mille ans, et qu'ils peuvent demander ce qu'ils veulent.

Le sorcier répond que le sultan[3], le " Mwani ", est malade depuis plusieurs années et il invite les fils de la Lune à aller le voir.

– Tu vas aller voir ce roi ? demande le chasseur à Fergusson.

– Bien sûr, nous n'avons rien à craindre.

– Mais que vas-tu faire ?

– Sois tranquille, mon cher Dick. J'ai

---

1. Sorcier : dans les sociétés indigènes, personne qui pratique la magie.
2. Dignité : grandeur, gravité qui inspire le respect.
3. Sultan : roi d'un pays arabe.

quelques médicaments...

Puis, s'adressant à la foule :

– La Lune a eu pitié de votre sultan et elle nous envoie pour le guérir.

La foule commence à chanter pour remercier les enfants de la Lune.

– Maintenant, mes amis, dit le docteur Fergusson, il faut nous organiser; nous pouvons, à un moment donné, être obligés de repartir rapidement. Je vais aller voir ce sultan. Joe restera au pied du ballon et toi, Dick, reste dans la nacelle.

Il est trois heures de l'après-midi et le soleil brille. Fergusson part lentement vers le palais du sultan, accompagné par la foule. Il entre dans le palais et s'avance vers le lit du malade : c'est un homme de quarante ans, abruti[1] par l'alcool.

Le docteur ranime[2] un instant le sultan et la foule pousse des cris pour le remercier. Fergusson sort du palais et se dirige rapidement vers le *Victoria*. Il est six heures du soir.

Soudain, la foule se met à courir derrière lui en hurlant. Les sorciers ont l'air très en colère. Le docteur arrive enfin au pied du ballon et il monte rapidement dans la nacelle, suivi de Joe.

– Ne perdons pas de temps et coupons la corde, dit-il à ses compagnons.

---

1. Abruti : qui n'est plus capable de penser, d'agir avec intelligence.
2. Ranimer : redonner la vie.

– Mais que se passe-t-il ? demande Joe.

– Regardez ! répond le docteur en montrant le ciel : la Lune !

La Lune, en effet, se lève, rouge et magnifique. Elle ressemble à une boule de feu dans le ciel bleu. C'est bien la Lune ! La Lune et le *Victoria.* Ou il y a deux Lunes, ou les étrangers ne sont que des faux dieux ! Voilà ce que pense la foule et pourquoi elle court derrière Fergusson. Les habitants de Kazeh comprennent que les faux dieux vont s'échapper et ils poussent des cris. Un sorcier s'approche du ballon. Il grimpe dans l'arbre où est accrochée l'ancre.

– Je coupe la corde ? demande Joe.

– Attends, répond le docteur.

– Mais ce sorcier...

À ce moment, le sorcier décroche l'ancre de l'arbre. Mais le *Victoria* s'envole et le sorcier, accroché à l'ancre, s'envole également.

– Un petit voyage ne lui fera pas de mal, dit Kennedy en riant.

– Est-ce que nous allons lâcher cet homme tout d'un coup ? demande Joe.

– Non, répond le docteur. Nous le redescendrons tranquillement à terre. Après une telle aventure, les habitants de Kazeh lui donneront encore plus de pouvoirs.

Une demi-heure plus tard, le docteur, voyant le pays désert, se rapproche de la terre et rend sa liberté au sorcier.

L ES VOYAGEURS ont quitté Zanzibar depuis cinq jours seulement et Samuel Fergusson se sent ému : il vient enfin d'apercevoir à l'horizon ce lac tant cherché, que le capitaine Speke a vu le 3 août 1858 et qu'il a appelé Nyanza Victoria. Les voyageurs lancent leur ancre sur un arbre et le *Victoria* devient immobile. Mais ils ne peuvent pas descendre à terre car des armées de moustiques couvrent le sol.

– Demain, si le vent est favorable, dit le docteur, nous irons vers le nord et nous découvrirons peut-être les sources[1] du Nil, ce secret que personne ne connaît.

Le mercredi 23 avril, le *Victoria* part vers le nord.

– Aujourd'hui, nous verrons le Nil, dit le docteur. Je suis sûr que ce fleuve prend sa source dans ce lac.

– Nous verrons bien, répond Kennedy.

Le docteur Fergusson observe le pays avec attention.

---

1. **Source : endroit où naît un fleuve.**

– Regardez! dit-il à ses deux compagnons, nous sommes au-dessus d'un fleuve et ce fleuve est sûrement le Nil!

Le docteur Fergusson montre une île au milieu du fleuve.

– Regardez! C'est l'île de Benga. Nous allons descendre.

– Elle semble habitée, monsieur Samuel.

– Joe a raison ; il y a un groupe d'une vingtaine d'indigènes.

Le *Victoria* s'approche de l'île. Les Noirs, qui appartiennent à la tribu de Makado, poussent de grands cris. Kennedy fait feu[1] et les indigènes se jettent dans le fleuve.

---

1. Faire feu : tirer un coup de fusil.

– Descendons, dit le docteur.

Il emmène ses compagnons vers un groupe de rochers et semble chercher quelque chose. Tout d'un coup, il prend le bras de Dick :

– Regarde ! dit-il.

– Des lettres! s'écrie Kennedy.

En effet, deux lettres sont gravées sur le rocher : A.D.

– A.D., dit le docteur Fergusson. Andrea Debono! La signature du voyageur qui est arrivé le plus loin sur le Nil!

– C'est bien le Nil! Nous ne pouvons pas nous tromper!

Dix minutes après, le *Victoria* reprend sa route dans les airs.

– Mes amis, dit le docteur à ses deux compagnons, nous commençons maintenant véritablement notre traversée de l'Afrique. Jusqu'ici, nous avons suivi les pas d'autres explorateurs, mais maintenant nous partons dans l'inconnu.

*E*N CE JOUR DU 23 AVRIL, le ballon parcourt une distance de plus de trois cent quinze milles. La région qu'il survole est immense.

– Nous traversons sans doute le royaume d'Usoga, dit le docteur.

– Est-ce que cette région est habitée? demande Joe.

– Oui, et mal habitée. On appelle ses habitants les Nyam-Nyam, et ce nom reproduit le bruit que l'on fait lorsqu'on mange. Ces peuples sont considérés comme anthropophages[1]...

La nuit devient obscure et le docteur accroche le ballon à un arbre. Ils s'endorment chacun à leur tour. Dick est de garde lorsqu'il entend soudain un sifflement.

Est-ce un cri d'animal? Est-ce que ce cri sort d'une bouche humaine?

Dick met la main sur l'épaule du docteur et le réveille. Puis il réveille Joe et il leur raconte ce qu'il a entendu.

Joe et Dick prennent leurs fusils et descen-

1. Anthropophage : qui mange la chair de l'homme.

dent dans l'arbre; ils voient un groupe important de Noirs qui montent dans l'arbre pour essayer d'arriver jusqu'au ballon et ils tirent sur eux pour les faire fuir. Les Noirs partent en criant. Mais au milieu des cris, une voix humaine dit ces mots en français :

– À moi! À moi!

Kennedy et Joe remontent dans la nacelle.

– Vous avez entendu? leur demande le docteur. Il y a un Français et il est prisonnier. C'est sûrement un voyageur, peut-être un missionnaire[1]. Nous devons tout faire pour le sauver!

– À moi! À moi! répète la voix, plus faiblement.

– Il faut lui faire savoir que nous voulons le sauver, dit Fergusson.

Et debout dans l'obscurité, il crie :

– Ayez confiance! Trois amis vont vous sauver !

Un cri terrible leur répond.

– Nous avons encore deux cents livres* de lest[2], dit le docteur. Si ce prisonnier pèse autant que nous, il nous restera encore soixante livres à jeter afin de monter plus rapidement. Nous allons descendre et le sauver. Joe jettera le lest au moment où nous mettrons ce pauvre homme

---

1. Missionnaire : religieux qui va faire connaître sa religion dans un pays étranger.
2. Lest : sacs de sable qu'on emporte dans la nacelle du ballon et qu'on jette pour pouvoir s'élever.

dans la nacelle.

À cent pieds au-dessous du ballon, il y a un
jeune homme de trente ans, à demi nu, maigre,
couvert de sang, qui est couché par terre.

– C'est un missionnaire, dit Joe.

– Pauvre homme! répond Dick. Il faut le sauver.

La nacelle s'approche du sol. Le docteur

prend le missionnaire sous les bras et le monte dans la nacelle. Au même instant, Joe jette les deux cents livres de lest et le ballon s'élève.

– Hourra! crient les trois hommes.

Le Français ouvre les yeux.

– Vous êtes sauvé, lui dit le docteur.

– Je vous remercie; mais je ne vais pas vivre bien longtemps.

Et le missionnaire s'endort à nouveau.

Le docteur le couche sur une couverture, lave ses blessures et lui donne un peu d'alcool pour le ranimer.

Le lendemain, le malade semble aller mieux. Il appelle ses nouveaux amis.

– Comment allez-vous? lui demande Fergusson.

– Mieux! répond-il. Mais qui êtes-vous?

– Nous sommes des voyageurs anglais, répond Samuel, et nous traversons l'Afrique en ballon.

Mais le soir, le missionnaire va plus mal.

– Mes amis, dit-il, je vais mourir. Mettez-moi à genoux.

Kennedy le soulève, mais le missionnaire retombe aussitôt dans les bras du chasseur.

– Mort! dit le docteur. Demain matin nous l'enterrerons[1] dans cette terre d'Afrique.

Le *Victoria* descend. Kennedy et Joe font un

---

1. Enterrer : mettre dans la terre.

trou profond pour enterrer le missionnaire. Le docteur reste immobile. Il pense.

– À quoi penses-tu, Samuel? lui demande Dick.

– Je pense que ce missionnaire, qui vivait dans la pauvreté, est enterré maintenant dans une mine d'or!

– Une mine d'or! disent en même temps Kennedy et Joe. Impossible!

– Et pourtant c'est bien une mine d'or, répond tranquillement le docteur. Ces pierres sur lesquelles vous marchez, et qui ressemblent à des pierres ordinaires, contiennent en fait de l'or.

– C'est impossible, impossible! répète Joe.

Et il court comme un fou d'une pierre à l'autre.

– Tranquille, Joe! lui dit son maître. Réfléchis! À quoi peut bien nous servir cet or? Nous ne pouvons pas l'emporter. C'est trop lourd pour notre nacelle.

– Mais nous ne pouvons pas abandonner ces richesses, se plaint Joe.

– Nous ne sommes pas venus ici pour chercher la fortune, déclare le chasseur.

– Mais enfin, dit Joe, nous pouvons remplacer le sable du lest par de l'or.

– D'accord, lui répond le docteur. Mais tu ne feras pas la grimace chaque fois que nous jetterons quelques milliers de livres par-dessus la nacelle.

*L*E *VICTORIA* passe la nuit accroché à un arbre et, après les émotions des journées précédentes, les voyageurs peuvent enfin se reposer.

Le matin suivant, le ballon s'élève dans les airs, mais il se déplace difficilement.

– Nous n'avançons plus, dit le docteur. Si je ne me trompe pas, nous avons fait la moitié de notre voyage en dix jours à peu près ; mais si nous continuons comme maintenant, nous allons

mettre des mois pour le terminer. Et en plus, nous n'avons presque plus d'eau!

Les trois hommes survolent maintenant le désert. Ils ne voient plus d'arbres, plus un seul village... Et ils se déplacent très lentement.

En plus, ils n'ont plus beaucoup d'eau. Il reste en tout trois gallons*, c'est-à-dire quinze litres. Fergusson garde deux gallons pour le chalumeau. Il reste donc seulement cinq litres d'eau pour les trois hommes.

– Avec les deux gallons d'eau, je peux faire avancer le ballon pendant cinquante-quatre heures, annonce Fergusson. Je ne veux pas voyager la nuit car je veux voir s'il existe une rivière. C'est donc trois jours et demi de voyage... Il faut absolument trouver de l'eau!

– Rationnons-nous[1], répond le chasseur.

Au repas du soir, l'eau est mesurée.

Le lendemain matin, le soleil est très chaud. La température devient brûlante. Le docteur ne veut pas faire monter le ballon, par crainte de la chaleur. Il ne veut pas dépenser plus d'eau.

– Maudite[2] chaleur! dit Joe en essuyant son front.

Le lendemain, c'est le 1er mai.

– Nous ne sommes pas à plus de trois cents

---

1. Rationner : donner une quantité limitée.
2. Maudit : qu'on déteste.

milles du golfe de Guinée, dit Fergusson. Et comme la côte est habitée, le désert va bientôt se terminer et nous trouverons sûrement de l'eau.

– Je crois que je vois des nuages à l'est, dit Joe.

– Tu as raison, répond le docteur. Mais ce nuage est tout seul et il ne va pas apporter de pluie.

À ce moment, Joe dit avec surprise :

– Mon maître! Monsieur Kennedy! Regardez! Nous ne sommes pas seuls ici! Quelqu'un a le même ballon que nous!

– Est-ce que Joe devient fou? demande Kennedy à Fergusson.

– Regardez, monsieur, dit Joe en montrant du doigt quelque chose dans le ciel.

En effet, à deux cents pieds, un ballon flotte dans l'air avec sa nacelle et ses voyageurs ; et il suit exactement la même route que le *Victoria*.

– Eh bien, dit le docteur, nous allons faire des signes à ses voyageurs.

Mais les voyageurs de l'autre ballon ont eu la même idée au même moment car ils agitent[1] la main de la même façon.

– Qu'est-ce que cela veut dire? demande le chasseur.

– Cela veut dire, répond Fergusson en riant, que tu es en train de te faire un signe de la main à toi-même. Cela veut dire que l'autre ballon est

---

1. **Agiter** : bouger.

tout simplement notre *Victoria*. Agite tes bras,
Joe, et tu verras.

Joe obéit. Il bouge ses bras et un des hommes
de l'autre ballon les bouge au même moment, de
la même façon.

– C'est ce qu'on appelle un mirage, dit le docteur : tu crois voir quelque chose qui n'existe pas. C'est tout !

– C'est un spectacle vraiment étrange, dit Kennedy.

Vers quatre heures, Joe montre deux arbres : ce sont des palmiers.

– Des palmiers! dit Fergusson; cela veut dire qu'il y a un puits[1], de l'eau...

– De l'eau! De l'eau! Nous sommes sauvés. Buvons puisque nous allons trouver de l'eau!

À six heures, le ballon arrive au-dessus des deux palmiers. Ce sont deux petits arbres, secs, plus morts que vivants. Il y a un puits à côté mais il n'y a pas d'eau. Des os blanchis[2] par le soleil entourent le puits... Les voyageurs se regardent et pâlissent.

– Ne descendons pas, dit Kennedy. Il n'y a pas d'eau ici.

Les trois hommes continuent leur voyage. Ils souffrent car ils ont soif. Il ne reste que quelques gouttes d'eau mais personne n'ose les boire.

– Il faut faire un dernier effort, dit le docteur.

Il fait monter le ballon, cherche un courant d'air, un peu de vent, mais il ne trouve rien. Enfin le *Victoria*, ne pouvant plus avancer, descend lentement et se pose sur le sable.

---

1. Puits : trou dans le sol qui contient de l'eau.
2. Blanchi : devenu blanc.

Il est midi et ils sont à presque cinq cents milles du lac Tchad, à plus de quatre cents milles des côtes occidentales de l'Afrique.

Le lendemain, il ne reste qu'une demi-pinte* d'eau et les trois hommes décident de la garder.

Kennedy est très malade. Il souffre beaucoup. Ses lèvres et sa langue lui font mal et il ne peut pas parler. Le soir, Joe devient presque fou. Il a des hallucinations[1] et croit voir de l'eau partout. Il décide de terminer les quelques gouttes d'eau qui restent. Mais au moment où il va boire, il entend « À boire! À boire! ». C'est Kennedy. Joe lui donne la bouteille et Kennedy boit toute l'eau.

Le mardi matin, le docteur montre quelque chose du doigt :

– Regardez là-bas! Le simoun[2]!

– Tant mieux! dit Kennedy, nous allons mourir!

– Non, nous allons vivre, au contraire! répond le docteur.

Il jette du lest et le ballon monte rapidement. Samuel, Dick et Joe ne parlent pas. Ils n'ont plus aussi chaud. À trois heures, l'orage est terminé et le ballon survole une petite île couverte d'arbres.

– L'eau! L'eau est là! crie le docteur.

Ils arrêtent le ballon et descendent aussitôt à terre pour boire.

---

1. Hallucination : lorsqu'on croit voir quelque chose qui n'existe pas, on a des hallucinations.
2. Simoun : vent chaud et violent dans le désert.

C'EST AUJOURD'HUI le 12 mai, dit le docteur. Nous sommes partis le 18 avril. Nous avons voyagé vingt-cinq jours. Encore dix jours et nous serons arrivés.

Les voyageurs survolent le fleuve Shari puis, à neuf heures du matin, ils arrivent au bord du lac Tchad.

– Voyez-vous là-bas ce groupe de gros oiseaux qui se dirigent vers nous? demande Joe.

– Je les vois, répond Kennedy. Il y en a quatorze!

– Ces oiseaux ne me plaisent pas du tout, dit le docteur. J'espère qu'ils ne vont pas faire de mal au ballon. De toute façon, nous allons faire monter le *Victoria*.

Le ballon s'élève dans le ciel mais, malheureusement, les oiseaux aussi.

– J'ai envie de tirer un coup de fusil sur ces oiseaux! dit le chasseur. Ils sont quatorze et je peux tirer dix-sept coups de fusil.

– Non, Dick, ne fais pas cela, répond Fergusson, car s'ils montent au-dessus du ballon, tu ne pourras pas les voir et ils seront encore plus dangereux.

À ce moment, un des oiseaux se lance sur le *Victoria*, le bec ouvert, prêt à mordre, à faire un trou dans la toile du ballon.

– Feu! crie le docteur.

Kennedy et Joe tirent et tuent plusieurs oiseaux. Mais les autres oiseaux s'élancent[1] sur le *Victoria* et font un trou dans la toile du ballon. La nacelle se met à descendre. Joe jette les derniers morceaux de minerai[2], mais le ballon continue à descendre.

– Nous sommes perdus! crie Fergusson. Nous allons tomber dans le lac! Videz les caisses d'eau!

Mais le ballon continue à tomber.

– Les provisions, Joe ! Jette les provisions!

Joe obéit. Mais le ballon continue à s'approcher du lac.

– Jetez encore ce que vous pouvez! crie-t-il à ses compagnons.

– Il n'y a plus rien, répond Kennedy.

– Si! répond Joe.

Et il saute dans le lac.

– Joe! Joe! crie le docteur terrifié[3].

Mais Joe ne peut pas l'entendre. Le *Victoria*, qui vient de perdre beaucoup de poids, remonte à mille pieds dans les airs.

---

1. S'élancer : aller très rapidement dans une direction.
2. Minerai : ici, roche contenant de l'or.
3. Terrifié : qui a très peur.

– Il faut descendre à terre dès que possible, Dick, et puis tout faire pour retrouver Joe.

Le *Victoria* descend et se pose au nord du lac, sur une côte déserte.

– Au moment où Joe a sauté, nous étions au-dessus d'une île, dit Kennedy.

– Oui, et cette île, comme toutes celles du Tchad, est sans doute habitée par des sauvages meurtriers. S'ils trouvent Joe, que va-t-il devenir? Je crois que, d'abord, il faut lui donner de nos nouvelles et lui faire savoir où nous sommes.

– Oui, mais comment? demande Kennedy.

– Nous allons reprendre notre place dans la nacelle et nous élever dans l'air. Joe nous verra sûrement et il nous fera un signe pour nous faire savoir où il est.

– Il le fera sûrement s'il est seul et libre, Samuel, mais s'il est prisonnier?

– Les indigènes n'ont pas l'habitude d'enfermer leurs prisonniers. S'il n'est pas libre, il nous verra et il saura que nous le cherchons.

– Alors, partons, répond le chasseur.

Le ballon reste toujours à une hauteur entre deux cents et cinq cents pieds.

– Je ne vois rien, dit Kennedy après deux heures de recherches.

Au bout de quelque temps, il se tourne vers le docteur et dit :

– Je vois un groupe de cavaliers qui se déplacent rapidement. Ils doivent chasser car ils poursuivent quelque chose, un animal, sans doute.

Il observe à nouveau et, quelques minutes plus tard, il ajoute :

– Ce sont des Arabes. Je les vois très bien. Ils sont presque cinquante. Et leur chef est devant eux. Non, ils ne suivent pas une personne, ils la poursuivent.

– Tu es sûr, Dick?

– Je ne me trompe pas. C'est bien une chasse, mais une chasse à l'homme!

– Une chasse à l'homme! s'exclame Fergusson.

– Samuel! Samuel! dit alors Kennedy, d'une voix tremblante.

– Qu'est-ce que tu as, Dick?

– C'est lui, Samuel! C'est lui, à cheval!

– Lui! s'écrie Samuel.

« Lui » veut tout dire. Ils n'ont pas besoin de dire son nom.

– Nous allons faire descendre le ballon, dit alors le docteur. Joe doit nous voir et savoir que nous allons le sauver.

À ce moment, Kennedy pousse un cri de désespoir.

– Joe vient de tomber de son cheval, Samuel!

– Oui, mais il nous a vus! s'écrie le docteur. En se relevant, il nous a fait un signe.

Joe saute sur un cheval et jette le cavalier à terre. Un autre cavalier s'approche alors de lui pour le tuer. Heureusement, Kennedy le voit et tire sur lui.

– Samuel, est-ce que tu peux porter dans tes bras cent cinquante livres de lest?

– Et plus encore s'il le faut!

– Alors prépare-toi à jeter ce lest d'un seul coup. Mais surtout ne le fais pas avant mon ordre, sinon nous ne pourrons pas sauver Joe.

Le *Victoria* s'approche de la terre. Le docteur jette par-dessus la nacelle une échelle[1] faite en corde.

– Joe! crie le docteur.

Joe, sans arrêter son cheval, attrape l'échelle et monte. Au même moment, Dick jette le lest et le *Victoria* s'élève à nouveau.

Les Arabes poussent des cris de surprise et de colère.

– Mon maître! Monsieur Dick! dit Joe en montant dans la nacelle.

Joe est presque nu; ses bras sont en sang et son corps est couvert de blessures. Le docteur le soigne et Joe leur raconte ce qui lui est arrivé.

---

1. Échelle : escalier qu'on peut porter.

L E 20 MAI, le *Victoria* arrive au-dessus de la ville de Tombouctou et, le lendemain, ils se réveillent sur les bords du fleuve Niger, pas loin du lac Debo.

– Encore un nuage! dit Fergusson.

– Et un gros! répond Kennedy. Mais ce n'est pas un nuage comme les autres, c'est un nuage de sauterelles[1]. Des milliards de sauterelles vont passer sur ce pays et, si elles descendent, il n'y aura plus de végétation.

À cent pas du *Victoria*, les sauterelles s'abattent[2] sur un pays vert ; un quart d'heure plus tard, lorsqu'elles reprennent leur vol, il n'y a plus d'herbe, plus de feuilles sur les arbres...

– Les habitants de ces pays ne peuvent rien faire contre les sauterelles, dit Fergusson. Quelquefois, ils mettent le feu aux forêts ou aux champs pour arrêter le vol de ces insectes, mais ils sont tellement nombreux qu'ils peuvent éteindre le feu.

---

1. Sauterelle : insecte.
2. S'abattre : tomber sur.

Les voyageurs continuent leur voyage. Ils survolent Sego, la capitale du Bambarra, et se dirigent vers le nord-ouest.

– Encore deux jours et nous arriverons au fleuve du Sénégal, dit le docteur.

* * *

Les jours suivants, le *Victoria* n'arrive pas à s'élever dans les airs et, pendant plus de cent vingt milles, les trois hommes doivent jeter petit à petit plusieurs objets plus ou moins utiles. Mais le ballon continue à descendre.

– Il est peut-être déchiré, dit Kennedy.

– Non, répond le docteur, mais il perd du gaz. Jetons tout ce que nous pouvons.

– Mais il ne reste presque plus rien, dit Kennedy.

– Jetons les couvertures. Elles sont lourdes.

Joe obéit et le ballon s'élève un peu. Mais peu à peu il recommence à descendre.

– Nous ne sommes pas loin du fleuve, dit le docteur. Peut-être que nous atteindrons le bord. Seulement, pour arriver là, il faut passer au-dessus d'une montagne et je ne sais pas si nous pourrons le faire.

– Voici la montagne, dit Kennedy. Il faut absolument passer au-dessus.

– Gardons de l'eau pour aujourd'hui et jetons

le reste, dit Fergusson.

– Voilà! dit Joe.

– Est-ce que le ballon remonte? demande Kennedy.

– De cinquante pieds, plus ou moins, répond le docteur. Mais ce n'est pas assez.

– Il faut pourtant passer, dit Kennedy.

– Joe, j'espère que cette fois tu ne vas pas sauter du ballon. Jure-moi que tu ne vas pas le faire!

– Je ne vous quitterai pas, mon maître! Je vous le jure.

– Nous ne sommes pas assez haut, dit le docteur. Joe, jette la viande. Et s'il le faut, Dick, jette tes armes.

– Jeter mes armes! répond le chasseur avec émotion.

– Mon ami, si je te le demande, c'est que ce sera nécessaire.

Le ballon s'approche de la montagne. Joe jette les couvertures mais ce n'est pas suffisant.

– Kennedy! crie le docteur, jette tes armes ou nous sommes perdus!

– Attendez, monsieur Dick! dit Joe, attendez!

Kennedy se retourne et voit Joe disparaître au-dehors de la nacelle.

– Joe! Joe! crie-t-il.

– Le malheureux! dit le docteur.

Le sommet de la montagne a une vingtaine de pieds de largeur. La nacelle touche presque le sol, mais elle passe la montagne.

– Nous passons! nous passons! nous sommes passés! crie une voix.

Cette voix, c'est la voix de Joe. Il est accroché par les mains à la nacelle et il court sur le sommet de la montagne, enlevant ainsi au ballon la presque totalité de son poids. Arrivé de l'autre côté de la montagne, il remonte dans la nacelle.

– Et voilà! Ce n'était pas plus compliqué!

– Mon brave Joe! dit le docteur.

– Oh! vous savez, ce que j'ai fait, je l'ai fait pour sauver le fusil de monsieur Dick. Je lui dois bien cela depuis qu'il m'a sauvé des Arabes.

Kennedy lui serre la main sans dire un mot.

– Nous allons chercher un endroit tranquille pour passer la nuit, dit le docteur.

Le *Victoria* redescend doucement vers une forêt et Joe accroche les ancres à un arbre.

À deux heures du matin, Kennedy prend son quart. La nuit est tranquille. Kennedy, fatigué par les derniers événements, s'endort sans s'en rendre compte.

Soudain, quelque chose le réveille. Il se frotte les yeux et se lève. La forêt est en feu!

– Au feu! Au feu! crie-t-il.

Ses deux compagnons se réveillent.

À ce moment, ils entendent des hurlements.

– Les indigènes ont mis le feu aux arbres pour nous tuer! dit Joe.

– Partons vite! crie le docteur en coupant avec un couteau la corde de l'ancre.

Le ballon s'élève, laissant la forêt derrière lui, et se dirige vers le Sénégal.

– Dick, Joe, regardez! crie le docteur.

Un groupe de cavaliers armés suivent le *Victoria*.

– Ce sont des Talibas, dit le docteur. C'est un peuple cruel. Il faut mettre le fleuve entre eux et nous.

Pendant des heures, les Talibas poursuivent le *Victoria*.

– Nous descendons! crie Kennedy en regardant le baromètre. Que pouvons-nous jeter?

– Jetons toute la nourriture! dit Fergusson.

La nacelle, qui touchait presque le sol, remonte au milieu des cris des Talibas. Mais une demi-heure plus tard, le *Victoria* redescend.

– Nous n'avons plus rien à jeter, dit Kennedy.

– Si, répond le docteur. La nacelle! Coupe les cordes de la nacelle, Joe. Nous nous accrocherons aux cordes du ballon.

Et le *Victoria*, qui vient de perdre ainsi un poids important, remonte dans les airs.

Les trois amis, accrochés aux cordes, arrivent rapidement au fleuve.

– Le fleuve! Le Sénégal! crie le docteur. Encore un quart d'heure et nous serons sauvés!

Mais le ballon redescend peu à peu car il n'y a

plus de gaz. Il touche plusieurs fois le sol et finit par s'accrocher aux branches du seul arbre qu'il y a.

– C'est fini, dit le chasseur.

Mais le docteur est prêt à tout faire pour sauver ses compagnons.

– Je n'ai plus de gaz; eh bien, je traverserai le fleuve avec de l'air chaud, leur dit-il.

Les trois hommes se mettent au travail. Ils entassent une grande quantité d'herbes sèches sous la toile du ballon, puis ils mettent le feu.

Il faut peu de temps pour gonfler un ballon avec de l'air chaud. Le *Victoria* reprend sa forme ronde.

– Vite, vite! crie Kennedy. Les Talibas vont bientôt arriver. On entend déjà leurs cris.

Dix minutes plus tard, le ballon s'envole, au moment même où les Talibas arrivent. Il traverse le fleuve et redescend de l'autre côté.

Là, surpris et émerveillés, un groupe d'hommes les regardent arriver. Ce sont des officiers français qui connaissent par les journaux le voyage de Fergusson et qui le reconnaissent tout de suite.

– Le docteur Fergusson? demande un officier.

– Lui-même, répond tranquillement le docteur. Et mes deux amis, Dick Kennedy et Joe.

* * *

Ici finit l'étonnante traversée du docteur Fergusson et de ses compagnons.

– Notre voyage a été bien monotone, répond Joe, à tous ceux qui lui demandent de raconter la traversée de l'Afrique. Et nous ne sommes pas morts d'ennui parce que nous avons eu quelques aventures comme celles du Tchad et du Sénégal.

Les mesures au XIXe siècle

Gallon : mesure anglaise pour les liquides. 1 gallon = 5 litres.

Livre : ancienne mesure de poids. 1 livre = 500 grammes.

Mille : ancienne mesure de longueur. 1 mille = 1472 mètres.

Pied : ancienne mesure de longueur. 1 pied = environ 32 centimètres.

Pinte : mesure anglaise pour les liquides. 1 pinte = 0,5 litre.

Les instruments de mesure

Baromètre : instrument qui sert à indiquer le temps qu'il va faire.

Boussole : instrument qui indique où est le nord.

Chronomètre : instrument qui mesure le temps.

Sextant : instrument qui mesure l'angle qu'il y a entre une étoile dans le ciel et l'horizon.

Thermomètre : instrument qui mesure la température.

Chapitre I

1. Quelle nouvelle donne le *Daily Telegraph* le 15 janvier?

2. Pourquoi le point d'arrivée n'est-il pas connu?

3. Comment s'appelle l'ami de Samuel Fergusson? Où les deux amis se sont-ils connus?

4. Pourquoi est-ce que Fergusson veut traverser l'Afrique en ballon?

Chapitre II

1. Pourquoi est-ce que le docteur emporte des instruments de mesure?

2. Quels sont les aliments qu'emportent les trois voyageurs?

3. De quelle ville va s'envoler le ballon?

4. Pourquoi est-ce que le docteur emporte peu de vivres?

5. En voyageant nuit et jour, les trois amis peuvent traverser l'Afrique en sept jours? Pourquoi ne le font-ils pas?

Chapitre III

1. Quel jour doit partir le ballon?

2. Est-ce que Kennedy part finalement avec le docteur et avec Joe?

3. Comment appellent-ils le ballon?

4. Pourquoi ne voyagent-ils pas pendant la nuit?

5. Comment le docteur soigne-t-il Dick lorsque celui-ci a de la fièvre?

6. Pourquoi les trois hommes ont bien fait de traverser ces terres en ballon et non pas à pied?

Chapitre IV

1. Que font Dick et Joe ce jour-là?

2. Pourquoi est-ce que Fergusson tire plusieurs coups de fusil?

3. Que croit voir Joe en revenant vers le *Victoria*?

4. Comment se rend-il compte qu'il s'agit en fait de singes?

5. Combien de temps ont mis les trois hommes pour faire 500 milles? Combien de temps ont mis Burton et Speke pour faire le même chemin à pied?

Chapitre V

1. Au-dessus de quelle ville arrive le ballon?

2. Est-ce que Kazeh est une ville importante?

3. Pourquoi est-ce que les indigènes de Kazeh accueillent très bien les trois hommes?

4. Quelle est la maladie dont souffre le sultan?

5. Pourquoi les indigènes sont tout à coup en colère contre les trois hommes?

Chapitre VI

1. Pourquoi est-ce que les voyageurs ne peuvent pas descendre à terre?

2. Quel est le nom du grand fleuve que découvrent les explorateurs?

3. Que signifient les deux lettres A.D. que trouve Fergusson?

4. Qui était Andrea Debono?

Chapitre VII

1. Quelle région traversent maintenant les trois hommes?

2. Pourquoi appelle-t-on ses habitants les Nyam-Nyam?

3. Qui est prisonnier de cette tribu?

4. Où les trois hommes enterrent-ils le missionnaire?

5. Qu'est-ce que les hommes décident de faire avec l'or?

Chapitre VIII

1. Est-ce qu'il reste beaucoup d'eau?

2. Pourquoi est-ce qu'ils ne peuvent pas voyager pendant la nuit?

3. Comment est le ballon que voit Joe?

4. Pourquoi est-ce qu'ils ne descendent pas du ballon lorsqu'ils voient le puits?

5. De quoi souffre Joe?

6. Pourquoi est-ce que le simoun va sauver les trois hommes?

Chapitre IX

1. Pourquoi les oiseaux sont-ils dangereux ?

2. Pourquoi est-ce que Joe saute du ballon ?

3. Par quel moyen ses compagnons vont-ils réussir à retrouver Joe ?

4. Qu'arrive-t-il à Joe au moment où ses amis le retrouvent ?

5. Que font Fergusson et Kennedy pour le sauver ?

6. Comment va Joe quand il arrive dans la nacelle ?

Chapitre X

1. Est-ce que le nuage qui s'approche du *Victoria* est un nuage comme les autres ?

2. Que font parfois les habitants du pays pour tuer les sauterelles ?

3. Que fait Joe pour aider le ballon à passer au-dessus de la montagne ?

4. Que font les trois hommes pour échapper aux Talibas ?

5. Que répond Joe lorsque quelqu'un lui demande comment s'est passé le voyage ?